Hallo liebe Malfreunde,

*in diesem Buch finden sie
36 einseitig bedruckte Bögen mit
Mandala - Ausmalmotiven.*

*Ich wünsche ihnen viel Spass und Entspannung
beim Ausmalen meiner Motive.*

*Mit besten Grüssen
Mirko Krajewski*

Herstellung und Verlag:
BoD - Books on Demand, Norderstedt
ISBN 978-3-7431-4035-6

Tattoodesign Krajewski
Mirko Krajewski
mirko-flash@gmx.de
© Alle Rechte gesichert

Ausmalbuch # Tiere

Japanische Kois, Frösche, Schmetterlinge, Raubkatzen, Echsen u.s.w.

ISBN : 9783743154094

Ausmalbuch # Ornamente

Rokoko, Jugendstil, Quallen, Blumen u.s.w.

ISBN : 9783743154124

Ausmalbuch # Rock'n'Roll

Pin-ups, Gipsygirls, Rosen, Dolche, Zuckerschädel, Schwalben u.s.w.

ISBN : 9783743154131